AF252701

CATALOGUE

D'OBJETS MEUBLANTS

ET DE CURIOSITÉS,

TELS QUE

Meubles en bois de rose et en marqueterie, ornés de bronzes dorés; Meubles sculptés de la renaissance; Dorures, Pendules, Candélabres, Lustres, Glaces, Porcelaines de Sèvres, de Chine et de Saxe, montées et non montées; Meubles modernes en bois de palissandre couverts en étoffes; Tentures, Soieries anciennes, Tapis et quantité de Curiosités de diverses époques,

DONT LA VENTE AURA LIEU,

Pour une partie de ces Objets,

Pour cause du départ de M. le Baron de *****,

RUE DES JEUNEURS, N. 16,

SALLE N. 2,

les lundi 4, mardi 5 décembre et jour suivant, s'il y a lieu, à midi.

Il y aura exposition publique de midi à trois heures, les jeudi 30 novembre et vendredi 1er décembre 1843, rue Taitbout, n. 6, du mobilier de M. le Baron de *****, lequel sera réuni aux autres objets désignés dans ce catalogue, pour être vendus rue des Jeûneurs, la localité ne permettant pas de vendre sur place.

EXPOSITION GÉNÉRALE ET PUBLIQUE de tous les objets réunis, rue des Jeûneurs, 16, le dimanche 3 décembre 1843, de midi à quatre heures.

LE CATALOGUE SE DISTRIBUE

Chez MM. BENOU, Commissaire-Priseur, rue Taranne, n. 11, ROUSSEL, Expert, rue des Saints-Pères, 58.

1843.

CATALOGUE
D'OBJETS MEUBLANTS

ET DE CURIOSITÉS,

TELS QUE

Meubles en bois de rose et en marqueterie, ornés de bronzes dorés; Meubles sculptés de la renaissance; Dorures, Pendules, Candélabres, Lustres, Glaces, Porcelaines de Sèvres, de Chine et de Saxe, montées et non montées; Meubles modernes en bois de palissandre couverts en étoffes; Tentures, Soieries anciennes, Tapis et quantité de Curiosités de diverses époques,

DONT LA VENTE AURA LIEU,

Pour une partie de ces Objets,

Pour cause du départ de M. le Baron de *****,

RUE DES JEUNEURS, N. 16,

SALLE N. 2,

les lundi 4, mardi 5 décembre et jour suivant, s'il y a lieu, à midi.

Il y aura exposition publique de midi à trois heures, les jeudi 30 novembre et vendredi 1er décembre 1843, rue Taitbout, n. 6, du mobilier de M. le Baron de *****, lequel sera réuni aux autres objets désignés dans ce catalogue, pour être vendus rue des Jeuneurs, la localité ne permettant pas de vendre sur place.

EXPOSITION GÉNÉRALE ET PUBLIQUE de tous les objets réunis, rue des Jeuneurs, 16, le dimanche 3 décembre 1843, de midi à quatre heures.

LE CATALOGUE SE DISTRIBUE

Chez MM. BENOU, Commissaire-Priseur, rue Taranne, n. 11, ROUSSEL, Expert, rue des Saint-Pères, 38.

1843.

BIBLIOTHÈQUE ROYALE

8° V
36
3660.

AU COMPTANT.

*Les acquéreurs paieront, en sus des adjudications,
cinq pour cent applicables aux frais.*

DÉSIGNATION

DES OBJETS.

PREMIÈRE VACATION

Du lundi 4 décembre 1843 à midi.

Objets composant le Mobilier de M....., rue Taitbout, n. 6.

SALLE A MANGER

1 — Armoire vitrée en acajou, fermant à deux ventaux.

2 — Six chaises en acajou, couvertes en peau verte.

3 — Une table ronde en acajou, avec ralonges.

4 — Table à jeu, en bois de palissandre.

5 — Une petite table carrée, à deux battants, en palissandre.

6 — Deux lampes genre Carcel.

7 — Deux petits flambeaux en bronze, style renaissance.

8 — Une glace, portant 1 m. 80 c. sur 1 m. 10 c.

9 — Tapis en moquette verte, portant environ 4 m. carré.

10 — Tenture rouge, plafond et portières, étoffe de coton.

SALON.

Garniture de la cheminée.

11 — Grande pendule rocaille, avec petites figurines
    de musiciens, en bronze doré.

12 — Deux grands candélabres à six branches placées
    dans des cornes d'abondance, portées par des
    figures de satyrés, en bronze doré.

13 — Deux jolies figures en pendant, en porcelaine de
    Saxe.

14 — Deux beaux meubles à hauteur d'appui, en bois
    de rose, richement ornés de cuivres dorés :
    les trois portes pleines sont en marqueterie
    de bois à fleurs; tablettes en marbre blanc.

15 — Deux vases formant cassolettes, en porcelaine de
    Chine, d'un beau décor à personnages, avec
    monture rocaille très riche, en bronze doré
    à l'or moulu.

16 — Grand groupe de figures, en porcelaine de Saxe,
    représentant les trois âges.

17 — Cassolette en porcelaine de Chine, bleu tur-
    quoise, décorée de fleurs, avec monture ro-
    caille, à deux anses en cuivre doré.

18 — Deux vases en terre peinte, imitation de vases
    grecs.

19 — Deux petits flambeaux triangulaires, en bronze
    doré.

20 — Deux canapés, en bois de palissandre sculpté,
    couverts en damas de laine bleue.

21 — Quatre fauteuils, dito.

22 — Une petite chaise de bureau, dito.

23 — Grand fauteuil en palissandre, couvert en damas
    de laine rouge.

24 — Un autre fauteuil couvert en vénitienne.

25 — Deux beaux bras rocaille, à cinq lumières, en cuivre doré.

26 — Jolie petite console contournée, Louis XV, en bois de rose, richement ornée de cuivres dorés, avec tablette en marbre blanc.

27 — Quatre portières et quatre rideaux de croisées, en damas de laine bleue.

28 — Un tapis en moquette bleue, à dessins grisaille, portant environ 3 m. 50 c. sur 5 m. 50 c.

29 — Un petit lustre moderne, à seize lumières, en cuivre doré.

CHAMBRE A COUCHER.

30 — Joli petit meuble, à hauteur d'appui, en bois de rose, avec porte pleine en marqueterie de bois à fleurs, garni de beaux cuivres dorés à l'or moulu.

31 — Petit guéridon à étagère en bois de rose, garni de cuivres dorés : le dessus est orné d'une plaque en porcelaine bleue turquoise, avec bouquets de fleurs, et l'entre-jambe est marqueté.

Garniture de la cheminée.

32 — Une belle pendule, Louis XVI, à quantième et cadran tournant, formée par un vase très riche d'ornements, sur piédestal, en bronze doré.

33 — Deux belles girandoles, à trois lumières, formées par des figures portant des cornes d'abondance, dans lesquelles sont placées les branches en cuivre doré.

34 — Deux vases en porcelaine de Chine, fond rose, décorés de fleurs, montés en cuivre doré.

35 — Très joli meuble (bonheur du jour), en bois de rose, orné de plaques en porcelaine bleue turquoise, à médaillons de fleurs, richement monté en cuivre doré.

36 — Guéridon ovale, en bois de palissandre sculpté.

37 — Grand lit à colonnes torses, en bois de palissandre, garni de son sommier élastique, un sommier de crin, deux matelas, un traversin, deux oreillers, une couverture de coton, et une courte-pointe en damas de laine bleue.

38 — Deux rideaux de lit en soie jaune, 30 mètres environ.

39 — Une table de nuit, en palissandre.

40 — Deux fauteuils en palissandre, couverts en damas de laine bleue.

41 — Une chaise sculptée, en palissandre, couverte en velours de laine.

42 — Bureau, ou grande table en bois de rose, avec tabliers en marqueterie de bois à fleurs, garnie de cuivre doré.

43 — Petite table en marqueterie de bois, style Louis XV, richement garnie de cuivre doré.

44 — Petit lustre à seize lumières, style renaissance, en cuivre doré.

45 — Deux petits bras modernes, en forme de lustre à trois lumières, en cuivre doré.

46 — Beau groupe de figures en porcelaine de Saxe : enfants jouant avec des oiseaux.

47 — Deux petites girandoles à deux lumières, en porcelaine de Saxe.

48 — Une très belle théière, avec fleurs en relief, même porcelaine.

49 — Deux grands rideaux d'alcôve, en damas de laine bleue, portant environ 10 m.; deux portières et quatre rideaux de croisées, d'environ 15 m.; tenture en même étoffe portant environ 20 m.; en tout, 45 mètres environ.

50 — Tapis en moquette, semblable au salon; 5 m. 50 c. sur 3 m. 50 c. environ.

51 — Une glace, portant 1 m. 80 c. sur 1 m. 10 c.

52 — Une descente de lit.

CABINET DE TOILETTE.

53 — Grande armoire en acajou, fermant à deux ventaux.

54 — Table carrée en acajou, à deux abattants.

55 — Toilette en acajou, garnie de tous ses ustensiles.

56 — Un séchoir de toilette, un lavabo, etc., etc.

57 — Crachoir en acajou.

DEUXIÈME VACATION.

Du mardi 5 décembre à midi, et le lendemain, s'il y a lieu.

OBJETS DIVERS.

58 — Petit bureau du temps de Louis XIII, en marqueterie de bois à fleurs sur fond d'ébène.

59 — Beau groupe de figures en porcelaine de Saxe : jardiniers et jardinières décorant un vase avec des guirlandes de fleurs.

60 — Quatre grands flambeaux en porcelaine de Saxe de la plus belle qualité; ils sont de forme

triangulaire, et ont les pieds en forme de volute.

61 — Jolie petite coupe en verre de Venise, à filigrane blanc, très fin.

62 — Meuble à hauteur d'appui fermant à trois portes pleines, en marqueterie, sur fond d'écaille noire et rouge, orné de cuivre.

63 — Grand vase en porcelaine de Chine à dessins bleus, représentant des personnages; hauteur, 1 mètre.

64 — Grande pendule du temps de Louis XV, avec éléphant portant le mouvement, sur riche terrasse rocaille, en cuivre doré.

65 — Quatre verrières en porcelaine allemande à fond quadrillé vert, avec oiseaux.

66 — Deux candélabres à trois branches en porcelaine de Saxe, avec ornement en relief.

67 — Six jolies petites figures en porcelaine de Saxe seront vendues par paires.

68 — Flacon à thé à six pans, en verre bleu émaillé; le bouchon à vis en argent.

69 — Sucrier et plateau en porcelaine de Saxe ornés de fleurs.

70 — Christ en bronze doré.

71 — Surtout de table à cassolette et huit lumières, de Boule, en bronze doré.

72 — Grande bibliothèque en marqueterie, de Boule, sur écaille rouge; le haut des portes est vitré, et le bas marqueté en plein.

73 — Joli petit lustre, de Boule, à six lumières, en cuivre doré.

74 — Deux vases en porcelaine de Saxe, ornés de
    fleurs.

75 — Une tasse à couvercle et soucoupe, porce-
    laine de Saxe, ornées de fleurs.

76 — Table japonnaise forme de tambour, en vieux
    laque du Japon, fond noir à dessins d'or.

77 — Une table en bois, sculptée et dorée, du
    temps de Louis XV.

78 — Groupe de trois enfants, jouant avec bouc;
    belle terre cuite, travail flamand.

79 — Deux vases; porcelaine ancienne, fond vert, à
    médaillons grisailles.

80 — Bas-relief gothique en ivoire, à sujets de sain-
    teté.

81 — Coupe chinoise en corne de rhinocéros.

82 — Deux jolies petites figures d'enfants, en terre
    cuite.

83 — Épée ancienne, dont la poignée et la garniture
    du foureau sont en bronze tonkin.

84 — Drageoire en fer repoussé, et cinq petites mé-
    dailles; une est en argent, les quatre autres
    en or.

85 — Trois manches de couteaux en ivoire, formés
    par des figurines.

86 — Lanterne chinoise.

87 — Lampe en porcelaine moderne.

88 — Corbeille en porcelaine; imitation de Saxe.

89 — Cinq éventails anciens, riches d'ornements,
    avec de belles miniatures; ce lot sera di-
    visé.

90 — Un portrait d'homme, du temps de Louis XIV,
    émail sur or.

91 — Deux petits vases, formant flambeaux, en porcelaine de Saxe; les anses sont formées par
des têtes de belier.

92 — Petite commode, du temps de Louis XV, en
marqueterie de bois à fleurs.

93 — Deux grands vases en marbre, brèche violette,
montés en cuivre doré.

94 — Garniture de trois vases en porcelaine de Saxe,
ornés de sujets pastoraux; les anses sont
formées par des têtes de Satyres.

95 — Autre garniture de trois vases à bouquets gri-
sailles, rehaussés d'or.

96 — Grand et beau lit à colonnes torses, avec dossier
très riche, en bois de palissandre. Ce meuble, dont les ferrures sont dorées, est du
plus bel effet.

97 — Grand banc gothique, en bois sculpté.

98 — Trois bagues anciennes, émaillées, avec pierres
fines sur les chatons.

99 — Bas-relief en albâtre, de Lagny, représentant
l'histoire de l'Enfant prodigue; ouvrage du
seizième siècle.

100 — Deux bas-reliefs en cuivre doré, représentant des sujets saints, dont le martyre de
saint Étienne, cadres en écaille rouge, avec
ornements repoussés aux angles.

101 — Bureau du temps de Louis XIII, en marqueterie
de trois parties, très riche, sur écaille noire,
orné de cuivre.

102 — Bas-relief provenant d'un rétable flamand, représentant le calvaire, composition d'un grand

nombre de figures de ronde bosse sur fond
doré, ouvrage du seizième siècle.

103 — Bureaux à X, en marqueterie de bois, du temps
de Louis XIII.

104 — Deux magnifiques bibliothèques à trois portes
vitrées, en bois de rose, ornées de riches en-
cadrements, et de huit cariatides en cuivre,
représentant les quatre parties du monde et
les quatre saisons. Ces deux meubles, les seuls
qui aient été exécutés, étaient destinés à un
fermier général sous Louis XV, qui les avait
commandés.

105 — Grande pendule du temps de Louis XV, en
cuivre doré, ornée de deux belles figures, représentant le Temps et l'Espérance.

106 — Pendule astronomique du temps de Louis XIV,
en cuivre doré, avec sa cage à glace montée
en cuivre doré, le piédouche est marqueté de
cuivre sur écaille noire, dessins de Boule.

107 — Grande lanterne de vestibule, en cuivre doré,
du temps de Louis XV.

108 — Armure complète de chevalier, en fer uni,
casque à visière, du seizième siècle.

109 — Pendule en cuivre doré du temps de Louis XV;
la toilette de Vénus, avec contre socle en bois
d'ébène.

110 — Grand bassin pouvant servir de jardinière, en
porcelaine de Chine, à dessins bleus.

111 — Autre bassin du même genre.

112 — Un dito.

113 — Pendule du temps de Louis XV, en cuivre doré;
le petit courrier, avec contre-socle en ébène.

114 — Cartel forme de lyre, en cuivre doré, du temps
de Louis XIV.

115 — Grand bassin ovale en faïence de Faënza, décoré
de sujets représentant des jeux d'enfants; il
est supporté par quatre serres d'aigles et
munis de deux anses : cette pièce d'un grand
volume est très remarquable.

116 — Six chaises en bois sculpté, travail flamand; elles
seront vendues par paire.

117 — Trois fauteuils en bois sculpté, de même travail,
seront vendus séparément.

118 — Petit bureau à abattant en vieux laque.

119 — Table en marqueterie de bois, du temps de
Louis XVI.

120 — Paire de chenets en cuivre, du temps de
Louis XIII.

121 — Joli petit meuble en bois sculpté du seizième
siècle; il est à deux corps et à fronton, les
bas-reliefs qui le décorent sont très fins et re-
présentent des sujets mythologiques.

122 — Petite table du temps de Louis XV, formant
toilette, en marqueterie de bois.

123 — Quatre lustres flamands en cuivre, du temps de
Louis XIII, seront vendus séparément.

124 — Plusieurs garnitures de vases (potiche) en porcelaine du Japon.

124 bis Groupe de deux figures en bronze ancien : Vénus et l'Amour.

125 — Petite console, en bois sculpté, à une seule
jambe.

126 — Une sphère en bronze, provenant du couronne-
ment d'un régulateur.

127 — Petit cartel à montre, en laque noir burgauté.

128 — Groupe de deux figures en bronze, doré au mat : le baiser de Fragonard, d'une finesse de ciselure remarquable.

129 — Un cartonnier de bureau, du temps de Louis XV, en bois de plaquage, orné de bronze.

130 — Table à X, en cuivre doré, avec une belle tablette en porphyre rouge oriental, belle qualité.

131 — Groupe de figures en porcelaine de Saxe, sur socle doré.

132 — Porte-liqueur en bronze doré, garni de trois pièces en cristal.

133 — Un plateau rond en bronze doré.

134 — Une paire de flambeaux en bronze doré.

135 — Pendule ancienne, avec dragon, sur socle en marbre blanc.

136 — Deux belles gaînes en marqueterie de Boule, sur écaille noire, richement ornées de bronzes.

137 — Deux forts bras, à deux lumières, en bronze doré, du temps de Louis XV.

138 — Deux anciens croissants de cheminée, en bronze doré.

139 — Un coffre à tiroirs, en bois des îles, marqueté d'ivoire, travail indien d'une belle conservation.

140 — Coffre ancien, vernis ; genre de Martin.

141 — Deux jardinières carrées, en porcelaine de Chine, riche de décor.

142 — Plateau rond, en laque.

143 — Deux vases, porcelaine de Chine, montés en bronze doré.

144 — Deux beaux vases, porcelaine de Chine, gris ardoise craquelé, montés en bronze doré.

145 — Christ, bronze florentin.

146 — Tasse en porcelaine, bleu de roi, à médaillons de fleurs.

147 — Six petits vases, en porcelaine de Chine, seront vendus par paire.

148 — Écuelle en porcelaine de Sèvres, décorée de fleurs.

149 — Deux petits vases, en ancien craquelé de Chine.

150 — Deux jolis vases en porcelaine de Chine, fond jaune, à dessins de couleurs variées, très belle qualité.

151 — Deux chevaux de Marly en bronze, couleur florentine.

152 — Deux buires en porcelaine de Sèvres, montées en cuivre doré.

153 — Deux vases, forme aplatie, en porcelaine de Chine, à médaillons à sujets, sur fond rouge, rehaussé d'or, monté en bronze doré.

154 — Une tasse et sa soucoupe, porcelaine de Sèvres, bleu de roi.

155 — Encrier, porcelaine de Sèvres, bleu de roi, monté en cuivre doré.

156 — Deux vases en verre bleu, montés en bronze doré.

157 — Deux petites figures, en porcelaine de Saxe.

158 — Deux vases à fleurs, en porcelaine anglaise, genre Saxe.

159 — Pendule de Ferdinand Berthoud, en bronze doré.

160 — Buste, grandeur naturelle de Buffon, en biscuit
de Sèvres, pâte tendre; objet rare.
161 — Deux bras rocailles à trois branches, bronze
doré.

ÉTOFFES ANCIENNES.

162 — Un lot de coupons d'étoffes brochées en fin, de
couleurs variées.
163 — Un dito d'anciens gilets, brochés en fin.
164 — Quatre lez de robe, en damas brun, à ramages
et fleurs.
165 — Quatre dito, damas brun, à grandes fleurs.
166 — Cinq dito, rouge, fond rayé.
167 — Trois dito, satin brun, à fleurs.
168 — Six dito, fond amaranthe, rayé, à bouquets dé-
tachés.
169 — Seize dito, fond amaranthe, rayé, à bouquets
courants.
170 — Six dito, jaune.
171 — Onze dito, vert, à colonnes.
172 — Deux très grandes portières en étoffes anciennes,
de panne, portant environ 3 m. de haut sur
4 m. de large.

Imp. et lith. de Maulde et Renou, rue Bailleul, 9-11.

www.ingramcontent.com/pod-product-compliance
Lightning Source LLC
LaVergne TN
LVHW051140060726
842526LV00006B/2144

9782014460094